문학시대동인회 사화집 제36집

두레박이 하늘 길어 올리듯

— 상남 성춘복 시백 추모특집

마을

발간사

백 년 만의 혹서기까지 맞은 갑진년 올해
숨을 틈도 없이 몸은 뜨겁게 녹아 내렸지만
오히려 그 열기를 살려 동인지 36집을 펴낸다.

상남 성춘복 시백 님을 잃어
잠시 혼돈에 빠지기도 했으나
신작 작품에 추모시까지 함께 묶는다.

옥고를 보내주신 동인들께 고마움을 전해드리며
돌아오는 새해에도 문운이 함께하시길 빈다.

2024년 겨울 초엽에
문학시대동인회 회장 김난석

차례 문학시대 동인사화집 제36집 ‖ 두레박이 하늘 길어 올리듯

• 발간사

운문

한기정	바람 부는 날 외 4편 — · 12
최종월	숲 외 3편 — · 18
지술현	바람 따라 떠나소서 외 2편 — · 26
정연순	연지 · 1 외 3편 — · 32
장성구	허망한 자화상 외 2편 — · 40
이양자	살아 숨 쉰다는 것 외 3편 — · 44
이순남	오래된 나들이 외 2편 — · 52
이상오	임의 향기 외 3편 — · 56
이상민	오월인가 외 2편 — · 62
이범찬	덕수궁 나들이 외 2편 — · 66
이봉길	바람의 나무 외 3편 — · 70
심봉구	하얀 손 바퀴벌레 외 3편 — · 78
박정향	달팽이 점묘 외 2편 — · 88
박영배	이 가을엔 못 간다 외 2편 — · 92
남복희	하얀 천사 외 2편 — · 98
나동열	명상 외 2편 — · 102
김지현	손가락 세며 기다립니다 외 3편 — · 106

차례 문학시대 동인사화집 제36집 ‖ 두레박이 하늘 길어 올리듯

김미자　　눈길을 걸으며 외 3편 —·112
김난석　　누가 눈물을 흘리는가 외 2편 —·120
권한나　　청와대에서 외 2편 —·126
고경자　　간격 외 3편 —·132

산문

김재범　　등이 휠 것 같은 삶의 무게 외 1편 —·142

故 상남 성춘복 시백 추모특집

권한나　　먼 길 떠나신 선생님 —·154
김난석　　바라만 보아도 —·156
남복희　　어느 봄날 —·157
박영배　　동행(同行) —·158
박정향　　영원한 시성 우리 곁에 —·160
이범찬　　태산 같은 업적 —·161
이상민　　홀로 가는 길 Ⅱ —·162
이순남　　문학시대 —·164
장성구　　신선부의 뜰에 계신 상남 선생님 —·166
정연순　　사랑했노라 내 아내여 —·168
지술현　　선생님의 제자 됨이 좋아서 —·170

한기정

작가의 말

꿈을 꾸려면 약간의 모험을 해야 할지도 모르겠습니다
몇 년간 지속되는 병치레로 체력과 자신감이 바닥을 쳤습니다
허우적거리는 내 모양새가 애처로웠는지 남편이 미국 숙모네로
피신시켰습니다. 떠나는 전날 검사결과를 듣고 약을 한 보따리
가방에 쟁였습니다. 비행기를 타는 직전까지 망설였습니다
두려움과 불안이 가시지를 않았습니다
겁에 질려 여행길에 올랐습니다
3주간 거의 약을 먹지 않고 고스란히
약봉지를 들고 서울로 돌아왔습니다
바보처럼 생각 없이
생각해도 소용없으니 내버린 마음으로 지낸 덕분인가
다시 여행을 할 수도 있겠구나
용기와 꿈까지 덤으로 가지고 돌아왔습니다.

바람 부는 날 외 4편

머리카락 가닥가닥
그리움이 대롱대롱

은자야
정숙아
민희야

지나친 시간들아.

동요 Life is but a Dream

삶은 꿈일 뿐이라고
동요는 말한다
아직
삶을 시작도 하지 않은 아이들에게

그렇지
어수선하게
어떤 꿈은 잔물결 같지만
어떤 꿈은 끊이지 않고 몰려드는 쓰나미 같지
물에 젖지 않는 꿈은 없고
살짝 발만 적시면 될 줄 알아도
결국 온몸을 적셔야
꿈의 강을 건너지

삶의 배를 저어가자.

그리움은 아무데서나

애기엄마가 9개월짜리 아들을 안고
친정아버지 방사선치료를 따라왔다
애기는 칭얼칭얼,
입에 넣어주는 치즈로는 만족이 안된다
안에서는 아버지 치료가 끝났다고 보호자를 부르는데
애기는 어떻게 하고 아버지를 거드나
애기도 엄마도 애처로워 애기등을 토닥이는데
뭉클!
내 손자가 손끝에서 솟는다.

2024여름

사람한테 별꼴을 당해도 그러려니 할텐데
하늘에 대고 주먹질이 나온다

헹!
계절은 돌고 도는 것이라는 믿음이
뿌리째 흔들리며
소용없는 것 뻔히 알면서도
울화를 터뜨린다
내 속만 뒤집어지지.

편안하신가요?

시간 속에서
헤엄을 친다

무지개는 미끄럼을 타고
스케이트 칼날은 얼음을 지친다

산이
가까워졌다가 멀어졌다가
사라졌다가 다가섰다가

잘 지내시나요?

최종원

작가의 말

모든 게 느려지고 있다
너를 만나기 위해 신발을 신는 것도 느려진다
그러나 예외가 있다
시간은 더 빠르게 속도를 낸다
엇박자다

숲 외 3편

새
한 마리
앉았다 곧
떠나가는데
잎은 왜 그리 오래 흔들리는가

잎
하나
흔들리다
내려앉는데
숲은 왜 그리 오래 적막해지는가

겨울 아귀

기억을 건조한다

아가리 벌리고 장대에 매달린 육신들

오장육부 들어내고 길을 뚫었다

바람이 서성이다 떠난 후

껍질이 빛을 통과시킨다

허공에서 마침내 완성되는 문장

마침표다

겨울 어판장 마당에서

시 한 편이 마르고 있다

국자 생각

끓는 냄비 안으로 들어간다

우물 깊이 두레박이 내려가 하늘 길어 올리듯
망설임 없이 묵묵히 퍼 담아준다
두레박이 품은 서정이 국자는 없다고 생각하지 마라
하늘이나 별, 구름이나 달이 아닌 것은 서정이 없을까
가슴으로 담아준 것이 목젖 적시며 넘어가는 소리

입이 없는 나는 즐겁다

얼음 둥둥 뜨는 냉채 안으로 들어간다
잠시 가슴에 품었다가 내려놓는다
노랑 빨강 파랑이 유빙으로 맴돌고
휘리릭 휙
투정 없이 유리그릇은 환하다

종일 비어있는 가슴이다

내 품에 안겼다 떠난 것들
아주 짧은 시간에 품었던 것들

지금 멀다
방금 지나간 바람에 공작단풍잎이 몸을 떤다

흔들리지 않는 나는 가슴을 연다

초대 받은 날

초대 받은 날인 걸 잠시 잊거나 자주 잊었다

풀밭에 앉아 쑥을 뜯는다
연한 쑥 줄기를 싹둑 자르는 모순
하늘 보며 편안하게 숨 쉬는 자유
살구나무에 꽃등이 매달리고
목련꽃이 별이 되어 내려오고
조팝나무 두 팔 벌려 함박 웃는다

이 땅에서의 삶은 꽤나 저렴해*

살아가는 건 걸어가는 거다
햇살을 꼭 안아주는 거다
끊어진 통화
그 다음을 기쁘게 적어 보는 거다

지구의 봄날에 초대 받은 지금
경사진 풀밭에 주저앉아
엉덩이로 우주의 별 하나를 밀고 있다

만난 적 없는 행성의 먼 그대에게
초대장을 띄운다

*비스와바 쉼보르스카 시 「여기」에서 인용

지 술 현

작가의 말

2024년 5월, 스승 상남 성춘복 선생님의 소천을 체감하기도 전에
6월이 다 가는데 여름이 더디 오나 보다며 비쩍 마른 엄마 손에,
볼에 입 맞추고, 속내의 미안함을 얼버무리며 이별을 애써
부정하던 내게서 엄마가 떠나셨습니다.
떠나시기 전 죽을힘이 무엇인지 알 수 있게 힘겹지만 크게
하트를 그리시고는 주무시듯 떠난 무심한 이별이었습니다.
나만 아는 죄송함으로 아직 엄마와의 이별을 완성하지 못해
머뭇거리다가 동인지를 통해 엄마에게 그동안 해드리지 못한
말들을 글로나마 용서로, 그리움으로, 사랑으로,
그리고 감사함으로 전하렵니다.

바람 따라 떠나소서 외 2편

뭐가 그리 좋으셨나
말똥밭을 굴러도 이승이 좋다시더니

보낸 이는 못 해 드린 미련의 아쉬움에 울고
떠나는 이 마지막 순간까지
사랑을 그리시더니만
그 미련 어찌 흘려 비워내라고
이승을 그리도 좋다만 하셨었는가

나 살아갈 남은 여정이
말똥 밭이 금덩이 똥 구르듯
흐드러져 널브러지면
값없는 따순 미소 켜켜이 담은
꽃 닮은 울 엄마가
바람꽃 되어 내게 한 번 와보시려나

지리한 저승길에
울음꽃 한 송이
제대로 놓아드리지도 못하였는데
섭섭타 않으시고

바람처럼 휘감아
날 안고 반기시려나….

용서

돌 틈에서
희망으로 싹튼 노란 꽃이
어느새
하야니 몽실몽실 솜사탕마냥
가을 들판에 우뚝 서
어디로 날아가나
두리번거리다

구르고 구르는
시시포스 돌덩이의
피폐한 번뇌로
아파하는 너의 마음에
살포시 날아가
"톡톡 툭"
희망 홀씨 뭉텅 넣어뒀단다.

모전여전

시장에서 시선 잡은
빨간 체리 한 움큼을
꼬깃한 돈 꺼내어
선심 쓰듯 사 와서는
미쁜 남편에 토끼 같은 자식들
입속에 넣으려는데
늦어 못 오네
바빠 안 오네…

주인 잃고 색 바랜 체리 얼굴에
하얀 검버섯 펴고 나서야
"으이그, 매일 날 지난 음식만 드신다니"
타박하던 울 엄마를
이리 내가 닮은 게야
그 또한 사랑인 것을
설움으로 먹어 알지

이제 보니 똑 닮았네.

정연순

작가의 말

둘러보아도 마음 붙일 곳이 없다
뉴스는 검정이 90% 이상이다
와중에도 건들마가 불어 왔다
아무리 올해처럼 반가웠을라
그러니 희망을 놓지는 말자

연지 · 1 외 3편
– 어머니의 연지

신랑각시
날 잡아 경회루 연꽃놀이

봇물 터진 젖무덤
항라 치마 젖어내려

암죽 마다하고
어미만 어미만

꽃에도 잎에도
눈물로 뜨는 첫아들

망보기 신랑 뒤로
분수 같은 젖꽃판 달래어
연지를 먹였다지 젖엄마처럼

젖살 오르는
꽃도 꽃이고
연지에 흰 구름도 꽃일래라

치마만 젖었을까
집으로 가는 길

그렁그렁
애꿎은 자동차만 밀어 댔다지

연지 · 2
- 여름 연지

안개에 스미는 바람
솜털을 간질이는 꼭두새벽

한량없는 연지
생동의 중심을 향하여
나날이 벙그는 소녀야

싸아한 날 것의 생기
아침 해를 품는 꽃의 열락

꽃이 웃으셔
꽃이 말씀하셔
꽃이 춤 추셔

서둘지도 망설이지도 않는
당당함으로 다만 빙그레

둥글고 따뜻한
별 하나면 족하지

비탈도 평지처럼

아무 일 없는 듯이
소녀야 소녀야
한 연꽃으로 피어나라

연지 · 3
- 만추 연지

직립을 지탱하던 허리 꺾어
소소한 바람 빈 거울에
그림이거나 암호 같은
무채색 추상

답이 없다

느낌을 바라보는 자유 너머로
순환은 곧이곧대로 흐르고
여백은 아득하고 가득하다

호흡을 뿌리에 누이고
좀 쉬자

연지 · 4
- 겨울 연지

눈이 내리네
흔들릴 것도 없는
오체투지에 눈이 스미네

꽃일 때 다정하던 친구들
소식 없네
잊혀서가 아니야

우리는 어둠에서도 빛을 보지
저 뜨거운 눈길을 건너고 있는 거야

흙에 묻힌 뿌리
지금도 한 몸일까
보이지 않는 건 믿어야 있는 것

세상의 꽃받침이 되는 일
보지 않고도 믿어야 지복이지

빛도 봄도 그래야 오지
생명이니까

씨앗처럼 눈이 내리네
내려 내려서 흙으로 가네

장성구

작가의 말

몇 년 전 「글 걸음마」라는 고백을 시로 옮겼던 일이 있다.
고백했으면 뭔가 나아졌을 법도 한데 뒤돌아보면 그 자리에 서
있는 자신을 발견한다. 참 답답한 일이다.
그때의 심정을 되돌아본다.

시(詩)의 늪에서 목욕하는 사람
연꽃을 피웠지만 고뇌는 끝이 없다
보내온 편지를 두 손 모아 분축(焚祝)했다
제사를 모신 후 분축은 아버지의
정성이 승화된 절정의 순간
하얗게 타서 나풀나풀 재만 남았다
마음의 틈새를 비집어 심장 깊숙이
욱여넣고 고해의 바다를 건너듯
거울 속 아바타를 멋쩍게 마주 한다

시를 쓰는 것은 콩밭을 매는 것만도 못한 듯하다. 콩밭을 매다
뒤돌아보면 무한한 기쁨이 있다. 그러나 시는 그렇지 못하다.
그래도 써보고 또 쓴다.

허망한 자화상 외 2편

해가 갈수록 사그라지는 나의 존재
정부라는 힘센 임의 하인이 되었다
천부의 투표권이 유일한 생존 수단
모두가 빈둥빈둥 허공의 별만 세어도
내 가족 머리수를 나라에서 헤아려
기본소득 챙겨 준다는 아름다운 나라
그런데 왜 남의 물건을 훔친 기분일까

이웃집 곡간 속 쌀독이 내 것인데
애써 돈을 모아 땅을 산들 무엇 하나
내 것도 네 것도 모두가 나라 것이다
앉아서 미소 지며 배부름을 기대하니
밤나무 그늘 밑 낮잠이 감미로운데
영혼을 잃어버린 듯 왜 이리 허전할까

삶의 뒤틀림은 네 잘못이 아니라고
의리의 부추김에 모두가 열광했다
신명나는 세월은 촛불 속의 새 세상
넘치는 특혜를 내 자식도 누리려나
임금님 백성 되어 어설픔이 야릇할 때
어느 날 갑자기 찾아든 허망한 자화상.

영혼의 불꽃

바람의 도시 바쿠, 아제르바이잔
철갑상어 청색 등을 구름판 삼아
카스피해 전설을 품은 거센 바람
하이랜드 파크에 힘차게 뛰어올라
불꽃이 된 불멸의 영혼에 입맞춤

천구백구십년 일월하고 스무날
얼어붙은 대지에 누워 염원한 평화
순백의 젊은 시민과 민초들의 함성을
무자비하게 짓밟은 패륜의 소련 탱크
Bloody January 20 국가 애도일

펄럭이는 삼색 깃발 아래 잠든 영혼들
잊을 수 없는 당신의 헌신은 영원하리
위대한 정신은 꺼지지 않는 불꽃이다
지나는 이방인이 경모하는 마음으로
불멸의 영전에 올리는 한 송이 붉은 꽃.

Baku, Azerbaijan에서

아버지의 지혜

바라보는 마음에 따라서
변하는 여인의 아름다움
환희무량의 희망과 꿈을
한 아름 안겨주는 봄의 꽃 세상
창문을 열고 내려다보는 진면목

원앙금침을 펼친 꽃구름
몸을 맡기고 싶은 소박함
위만 보는 삶은 욕망의 씨앗
아래를 살피는 마음은 삶의 지혜
꽃 이불 위에 새기는 아버지 말씀.

이양자

작가의 말

더운 여름 지내느라 힘드셨습니다
올해 가을에는
더욱 건강하시고
행복하시기를 빌며
오늘 푸른 하늘 아래
살아있음에 감사드립니다.

살아 숨 쉰다는 것 외 3편

아침 해가 해맑다
긍정과 희망이 샘솟는다

나의 일에 대한 소명
가족에 대한 사랑

모든 생명체와
사물에 대한 애틋함

그리고 오늘 이렇게
내가 살아 숨 쉰다는 것

그 차체만으로도
희망이며 기쁨이다

열심히
최선을 다해 살아내자.

칭찬의 말

칭찬의 말은
해도 해도 모자란다

새로운 삶을 시작하는 그대에게
지나간 삶을 잊으려는 그대에게
또 다시 용기를 내려는 그대에게

그대는 뭘 해도 될 사람
다가 올 일에 대한 걱정은
눈앞에 왔을 때 생각하기를
어차피 그 일은 지나가니까

그래 괜찮아, 잘 하고 있어, 된다 된다 된다
잘 될 것이다 당신이 생각한 대로
힘 내세요, 걱정 말아요, 사랑해요
칭찬으로 행운을 기원하자.

가을의 의미

가을은 멀쩡한 사람의 마음을
한없이 쓸쓸하게 한다

지는 낙엽이 그러하고
부는 바람이 그러하고
깊어지는 상념이 그러하리라

가만히 있어도 눈물이 나고 사색이 많아지고
다가오는 것보다 떠나는 것이 많아서일까
저문다는 것에 대한 애잔함 때문일까

그도 그럴 것이 온갖 꽃을 피우고
온갖 새들이 노닐다 간 숲속의 나무들도
하나 둘 갈색으로 변해 끝내 한잎 두잎 떨어지는

묵묵히 걸어온 저 길 위에 핀
겸손하면서도 소담스런 가을꽃을 보노라면…
어쩐지 마음은 애잔하고 쓸쓸해진다

그래도 성실하게 살아온 날 들의 일과가
주마등처럼 뇌리를 스쳐 가리니…
지혜로운 내면의 소리에 귀 기울이며
조용히 이 아린 마음을 치유하자!

축하주 마시는 저녁

덥다, 덥다⋯ 정말 지친다
이번 여름은 웬일이니
아직 폭염은 계속된단다⋯

지치고 멍한 나날을 보내며
빗줄기라도⋯ 태풍이라도
바라던 마음 간절했었다

그런데 오늘 갑자기 불어온
시원한 가을바람
우와 드디어 가을이 왔구나

이 기막힌 가을을 만나는 날
친구를 부르지 않을 수 있겠는가
술은 언제나 나의 친구다

맥주만으론 당연 부족하다
소주를 맥주에 곁들여서
시원하게 한잔 들이키며

드디어 가을맞이 축하주를
한 잔 하는 오늘 저녁
산다는 것이 왠지 즐거워진다.

이 순 남

작가의 말

왁자지껄 아이들 돌아간 자리
꽃진 빈 화단 담벼락을 타고
후줄근한 나팔꽃이 오른다
길 가던 반백의 사나이 잠시
나비 되어 쉬어가는
어느 이른 가을의 하루

오래된 나들이 외 2편

다리야 부실하지만
용기를 좀 내봐
여긴
양평 용문산 용문사
일주문 앞이야
앳돼 보이는 도랑물이 마중을 나와 반기고
보랏빛 물봉선화
달개비꽃
물이끼
이름 모를 풀꽃들도 나와 있어
근육질 계곡물은
쉴 새 없이 뜀박질치고
물소리 목울대를 높이며 뒤를 따르는
파수꾼 늙은 나무
그림자를 내어주며
쉬엄쉬엄 쉬면서 가라 하고

사랑이란

사랑이란
조건이 없고
희생이 따르는 것
이른 봄 양지 찾아 소풍 나온 병아리 가족
하늘의 민낯
다 주어도 더 주고 싶은 마음
샘의 근원
겨울을 이기고 나온 새싹
구도자의 길에서 찾은 돈오
형체는 없어도
깊숙이 넣어두고 즐기는 보석
진 사랑이란
너를 내가 살고
네가 나를 살아주는 일상이야

하나의 점이 되어

형체가 있어
시작과 끝이 있고
형체가 보이지 않아
끝도 시작도 없는
삶의 언저리

몸 따로
마음 따로
세월 보내다가
물과 불
바람과 구름 떠도는
순리 앞에서
나는 하나의 점이 된다

이 상 오

작가의 말

내 살아온 그림자 따라
그려진 발자국 위에
작은 흔적이나마 새기고파
나는 이 글을 쓰고 있다

하나 쓰면 쓸수록
점점 더 미로 속으로 빠져드는

'시라는 물음표'

나는 오늘도
그 물음표 찾지 못한 채
이 글을 쓰고 또 쓴다.

임의 향기 외 3편

붉은 여름은
긴 하품만 뿜어낼 뿐
아무 말이 없고

허우적거리는
들판엔 가을이 가네

불러도 불러도
임은 대답이 없고
무심한 세월만 흐르네

초점 잃은
내 가슴엔 사무친
그리움만 남고

애원하듯 흔들리는
여름의 끝자락에서
임의 향기
멀리멀리 퍼져 가네

허수아비

노을 진 텅 빈 들녘에
홀로 선 허수아비 너는 누구냐

무슨 사연 무슨 그리움이
그리도 많아
그 모습 그대로 늘 그 자리에서

오직 한 곳만을
쳐다보고 서 있는 것이냐

다시 돌아올 수 없는
모든 것은 그리움이라 했던가

지평선 저 멀리
그리움 너머 홀로선 허수아비

멀뚱히 바라보고
서 있는 너는 또 누구냐

간이역 창밖으로

간이역 창밖으로
함박눈이
소리 없이 내려 쌓이고 있다

눈보라 속을 헤치고
들려오는
저 기적 소리는 누구의 외침인가?

떠나는 이의 흐느낌인가
기다리는 사람의 설렘인가

이 간이역에는
우리들의 삶의 애환이 서려 있다

만남의 환희가 있고
이별의 아픔이 있다

함박눈이 쏟아지는
시골 간이역에서 하늘을 본다

헤일 수 없는 그리움들이
송이송이 함박눈 되어

간이역 차창 밖으로
끝없이 끝없이 내려 쌓여만 간다.

달팽이 길을 갑니다

느릿느릿 달팽이
길을 갑니다
느리게 느리게 갑니다

가도 가도 끝이 없는
평생을 가도
그 산 그 중턱이 고작인 길을
느릿느릿 달팽이
길을 갑니다

그래도 비 오는 날엔
빗방울과 동무 되어
주르륵주르륵
신나게 미끄럼 타고 갑니다

느릿느릿 달팽이
길을 갑니다
오늘도 쉬지 않고 갑니다

이상민

작가의 말

파란 하늘을 담은
현충천 둑길에 금계국

물가에 엎은 선명한
노란 빛 위로

가만히 날개 접어
들앉은 흰나비의 수려함

조용히 파문도 없는 물 위
저 같은 한 쌍의 세레나데라니
「6월이 가네」

오월인가 외 2편

마음을 비우자 하니
곳곳이
낯익은 흔적으로 흔들거린다
어디가 시작이고 끝이려나

잡으면 잡을수록
다른 세상의 경계는 멀어져 갈 뿐
이승은 이승대로
저승은 저승대로

제 갈 길을 털고 가야
잊혀져 살아갈 틈도 생기거늘
조금씩 조금씩
나누어 나를 보내련다

다시 모으고 모아서
하나가 될 때까지.

*4월 모친 임종 후

저 멀리

뻐꾹새 운다
어머니 묘소에 앉았는
날 반기는 인사인가

나 홀로 그런 생각
쓸쓸함을 달래려는 듯
뻐꾹 뻐어꾹

어디선가 흰나비
주위를 돌다 산기슭 저 멀리로
날갯짓 뒷인사를 던져놓으며

사랑했노라고
아주 아주 많이
지독한 열병을 앓고

끝내 죽어서도 잊지 않는
사랑, 그 사랑이어라.

하지(夏至) 지나

연일 자외선 경보에
누렇게 말라가는 토끼풀 위로

고추잠자리 슬쩍 지나치는
오가는 사람 없는 주차장

귓가를 맴도는
팽팽한 적막이다

혼잣소리로 내팽개치는
몹쓸 내 텅 빈 자유는

개미들의 화려한 행렬 틈새로
땅바닥에 배를 깔고 흔적을 지운다.

이 범 찬

작가의 말

나에게 시조의 길을 안내해주셨을 뿐 아니라
많은 시대시인회 동인들을 길러내신 상남 사백이
유명을 달리하시니 안타깝기 그지없다
고인의 명복을 빌며
기념 사화집에 몇 편을 올린다.

덕수궁 나들이 외 2편

청 모자 망사 조끼 용사 제복 차려입고
궁궐 안 헤맸지만 문우들* 못 만났고
나와 보니 돈화문(敦化門)이네 착각을 하였으니

대한문(大漢門) 안 연못가엔 꽃향기 물씬 나고
기다리던 문우들 반갑게 손잡으니
헛고생 땀 흘렸어도 즐겁기만 하여라

*시대시인회 동인들

모여든 제복의 호국영웅들
- '2024 서초 보훈페스티발'에 부쳐

매헌관 너른 뜰엔 태극 물결 넘실대고
호국 영령 그리며 춤추고 오래하니
뜨겁다 보훈의 열정 앞날을 밝혀주네

형설(螢雪)의 공
- 이규성의 고교 졸업에 부쳐

학교에서 실력 길러 찾아가는 크나큰 꿈
바다 건너 먼 나라 새 삶의 벌판이니
축하해 마음 다지며 내일을 펼쳐가리

이봉길

작가의 말

산에 들면
산이 되고파
나무와 바위
그리고
바람에 나를 맡기고

바람의 나무 외 3편

갯내음 파도소리가
맨 처음 육지에 부딪는

동해로 가슴 내밀고
대관령 끝자락에 솟은 바위산에서

수백 년 禪에 든
그의 어깨 뼈만 앙상하다
바다를 건너는
철새도 머물지 않고
백두대간을 타고 넘는 높새바람도
허공만 스쳐간다

봄을 밀어올리는 샛바람에
소금기로 절여지고

서릿바람 된바람에
선 채로 화석이 되어
바람의 전설을 보여주는
제왕산
고사목

바랑

백운봉 하산길
도솔암 올라가는 스님에게 합장한다
스님 바랑엔 불경 한 권
내겐 시집도 한 권 들어있다

산모롱이 돌아서자 잿빛 구름 산을 감싸고 이내 소나기가
쏟아진다 스님은 구름 위쪽으로 오르고 산 허리에 걸린 나는
폭포 아래 바위처럼 물매를 맞는다 걸음을 재촉하지만 갈 길은
아득하고 굽이굽이 세상사 담고 온 바랑이 만근이다

까마귀 한 마리 까악까악
푸른 빗줄기 타고 계곡으로 날아간다

나도 폭우에 몸을 맡기고
산에 젖고 비에 젖어
시 한 편에 푹 빠져보고 싶다

북해도

겹겹이 다져진 눈 위에
나도 흰 눈발로 쌓인다
첫날부터 내리 나흘 내리는 눈

끝없는 설원에는 눈바람과
한 몸으로 울부짖는 자작나무
사람 키를 훌쩍 넘는 적설
자동차도로만 터널처럼 뚫려있다

땅인지 호수인지
눈 덮인 도야호(洞爺糊) 건너 숲에는
무성한 턱수염의 사나이
머리띠 동여매고 입가에 문신한 아이누 여인이
불쑥 나타날 것만 같다

통나무집에 사는 아이누인이 '사람의 땅*이라 부르는 이곳에
콘크리트 집 짓고 들어선 남방인들, 겨우내
현관에서 도로까지만 길을 내고 산다

길이 끊긴 검은 숲 언저리에 찍힌 짐승 발자국
눈에 익다

지난겨울 망덕산 눈산행 중
문득 뒤돌아봤을 때
산객을 따라오던

*원주민인 '야운쿠르'족은 이 땅을 '사람의 땅, 인간의 대지'라는 뜻을 지닌 말로 '아이누 모시리'로 불렀다.

혼술 면했다

퇴근길 구멍가게 앞을 지나는데
기억 하나 눈에 밟힌다

재수생 시절, 달빛 업고 집에 가는 길
눈에 익은 구부정한 등이 보인다
구멍가게 쪽마루에 걸터앉아
깍두기 안주에 막소주 잔을 기울이는 그 모습이 싫어
못 본 체 잰걸음으로 지나쳤다

만취해 들어오는 날마다
직장 친구들과 어울렸다는 아버지
뇌출혈로 두 번이나 쓰러졌다

올해는
아버지에게도 붙어다녔던
만년 과장 딱지를 뗄 수 있을지
막내 등록금에 속이 타는 요즘
지하철 6번 출구 호프집을 자주 들른다
아버지가 그랬던 것처럼 혼술로 타는 마음을 식혀본다

의자에 기대 지친 어깨를 내려놓는데
플라스틱 의자를 끌어당겨 앉는
어딘지 익숙한 여자음성
"저도 한 잔 주세요."

서른을 훌쩍 넘기고 취업하느라
얼굴 보기도 힘든 이쁜 딸
"오랜만이구나, 오늘 아빠와 소맥 한 잔 어때?"

심봉구

작가의 말

탁류로 흐른 칠십 평생
송장메뚜기 뜀박질만큼 속절없고
부질없다 퍼뜩 느껴질 때
삐걱대는 관절이 툭 내뱉은 노래

조지나 뱅뱅
조지나 강산에

글쎄, 몰라
세상만사 트루먼 쇼일지도

하얀 손 바퀴벌레 외 3편

긴급조치 1호가 발동된 캠퍼스에
박희, 4차원 그녀가 등장했다
오드리 헵번 스타일 미소를 장착하고
휴학 7년 만에 나타났다
금세 붙은 별명은 바퀴벌레였다
바퀴벌레가 뜯어 먹던 책은
존 스타인벡 『분노의 포도』 원서

호텔 로비에서 줄담배 태우며
미국 놈과 자주 쏼라쏼라한다 했다
큰오빠가 4·19영령이라고도 하고
큰스님 속가 딸이라는 둥
중앙정보부 프락치라는 둥
바람 같은 황량한 소문은
무수히 출몰했다, 바퀴벌레처럼

답답한 시국을 앓는 가슴들이
호남선 술집에서 쏟아낸 난투를
탱탱한 젖가슴 날려 뜯어내고
손수건 꺼내 코피 싹싹 닦아주고

핸드백을 확 열어젖혀
말보로 한 갑 쫙 뜯어
우리들 입 하나하나에 다 물리고
불까지 댕겨주던 하얀 손 바퀴벌레

일흔 훌쩍 건너 팔순 다리 언저리에서
고독한 고목에 귀를 걸고
늙은 눈 물안개로 짓무를 바퀴벌레
내 빨가벗고 목욕할 때
가끔 기어나오는 늙은 그 바퀴
몰라, 내 사랑 박희 누님일지도

가방모찌 대니보이

옛날꼰날 산골 국민학교
쥐 오줌 얼룩진 3학년 통지표엔
키 109센티 몸무게 18키로 적혀 있었지

중학교에 갔어도 찌질이로 간당거리다
키 큰 소아마비 조합장 큰아들
가방모찌 되어 희미하게 즐거웠어

자갈돌 튕기며 달리는 트럭
흙바람 치맛자락에 걸려 꼬꾸라진
그 아이, 웃으며 손잡아 일으키자
머리통을 찍는 목발, 그리고 별들의 광란

땀 범벅 코피 범벅으로 달려간
빨간 양철지붕 교회
풍뎅이 한 마리 맹렬히 붕붕 날고
나는 십자가를 붙잡고 끄윽끅 울었어

일흔 나이에 주워들은 그의 소문은
젊은 날 산에 올라 농약 들이켰다는 것

절벽 아래 날렸다는 목발을 떠올리며
마른침만 자꾸자꾸 삼켰어

덧없어라, 나는 안데스산맥으로 날아가
목발에 새긴 그대 이름 콘도르 목에 걸어주고
안개 축축한 마추픽추 돌벽에 기대어
헐떡이며 꺼이꺼이 대니보이 불렀지, 철새는
날아가고 산골짜기엔 피리 소리 자욱하고

조지아 프롤로그

탁류로 흐른 칠십 평생
송장메뚜기 뜀박질만큼 속절없고
부질없다 퍼뜩 느껴질 때
삐걱대는 관절이 툭 내뱉은 노래

조지나 뱅뱅
조지나 강산에

봄비 꽃비 맞으며 울며불며
피리 불며 다니던 여자
조지화라 이름했었지, 아마
늙은 무당이 버리고 간 그 여자
새벽 꿈결 찾아와 읊은 말
얼릉 한번 댕겨오셔유, 조지아

그리하여
자근대는 곳불과
자글거리는 울화병을 움켜쥐고
절룩이며 허청대며 가랑거리며 조지아
카즈베기 그 서러운 이마빼기와

날카롭게 마주하게 되었다는 사실

정녕 알랑가 몰라
프로메테우스 그대는

조지아 에필로그

조지아 카즈베기 설산
허리 껴안고 훌라춤 추던 안개
꿀럭꿀럭 빗줄기를 토하네
프로메테우스에게 갈기던
제우스 오줌발 같은

오줌발 뒤집어쓴 암캐 한 마리
안개 장막 자근자근 물고
내 앞에 벌러덩 드러눕네
벌건 젖꼭지 날카롭게 세우고
눈물 그렁그렁 나를 보네
마음대로 해보라 울먹이네

구다우리 전망대 바닥은
판도라의 딸 휘라가 펼쳐놓은
구릿빛 전설로 번들거리고

꿈속에서 만난 무당의 딸
울며불며 피리 불고 다니던
그 여자 조지화가

옷고름 풀고 나를 보네
벌건 젖꼭지 날카롭게
세우고 나를 보네

박정향

작가의 말

지필묵 갈면서 이런 생각을 한다
살아 온 날의 발자국 남기려 쓰는가
때로는 모든 것이 헛되고 헛되다는 생각이 들지만 결국
묵은 생각, 새롭게 물든 생각 다 드러내놓고
태우는 가슴으로 쓴다
글 쓰는 일도 사무치게 마음 베이는 일이지만
기왕 걸어 온 길,
묵은 관념이 아닌, 새롭게 변화시킬 수 있는 것에
마음을 쏟으려 해도 답답하기는 여전하다.

달팽이 점묘 외 2편

골목 진 바닥마다 한 켜씩 돌려가듯
끈적한 등짐 지고 줄그어 밀고 가면
느린 숨 고른 길 따라

한 생을 지고 갈지

푸석한 갈바람에 별 반응도 하지 않고
매듭 없는 몸을 눕혀 다독여 놓는 저 마음
엎어져 뒹굴면서

안식년을 꿈꾼다

섬진강 소묘

물줄기 따라 나선
가을 햇살 구름을 달고

산마저 잰 걸음에
갈바람 몰고 들어서면

윤슬의 물빛 속에서
맨발의 노랫가락 터진다

초목은 하늘을 이고
유유히 만상은 물속에

하얀 띠 굽이굽이
나래 펴며 하늘 끝으로

나그네 발 씻어주며
쉬어가라 보듬네

어느 섬에서

어제의 그 구름 어디로 몰렸을까

빛깔 찬 눈짓으로 바다가 몸을 푸니

잠긴 듯 너울 쓴 처녀의 섬 주위려나

섬에서 섬으로 바다가 또 바다로

먼 길 뜬 배들이 물길 따라 세상 품으로

하늘 길 마음 길 보채다가 다독이며 온다

해송의 그림자 길게 드리운 해안가

움켜진 모습으로 질풍같이 달려와서

바위를 싸안은 놀음에 노을이 헤픈 웃음짓네

박영배

작가의 말

5월
햇볕 따신 날

거기 야트막한 산자락에
봄 소풍 가면 좋겠네

단무지 굵게 박힌 김밥 서너 줄
칠성사이다 한 병 싸들고

껍질 벗어 던진
애호랑나비 한 마리

홀아비꽃대 족두리풀 애기똥풀 철쭉꽃
앵초꽃 웃음소리 자지러지는 날

기별 않고 가도
좋겠네.

이 가을엔 못 간다 외 2편

물 같은 세월은
등 뒤의 진실을 알려 하지 않았다
흉몽이었다
요추(腰椎)와 천추(薦椎) 사이
외마디 소리가 들렸다
엉치를 관통한 고통은 아래로 더 아래로
눈 번뜩이며 발끝을 겨눈다
그 산비알
채송화며 투구꽃이며 각시취꽃 향유꽃 구절초꽃…
계곡물 타고 내리며
길 틀어막는 잡초들 제치고
제 후밋길 내어주던 초가을의 꽃무리
서로 몸 부비며 일어나
꺾인 허리로 들머리 지키고 있을까
길을 내어주는 건
까만 멍울 하나 가슴 복판에 새겨넣는 일
독기 서린 눈빛
가랑이 적시는 새파란 핏물
밟히기만 해라,
화들짝 밀어 올린 꽃대로 목발 짚고 섰을까

가위눌린 밤
침상 밖 꽃봉오리 터트리는 소리에
자벌레 한 마리가 몸을 접는다
기다리지 말아라
이 가을엔 못 간다.

화양연화*

달이 천태산을 오르고 있었다
능선에 걸린 달빛은 이쪽으로 넘어오질 못하고 있었다

길머리에서 아래쪽 안태호가 물의 등을 타고 오르며
위쪽 천태호를 채우려 애쓰고 있었다

한껏 몸집을 키우며 그 곁에 다가가지만
다시 아래로 굴러 내리는 몸짓이 물빛에 시리다

가슴에 품어 안은 물결이
저녁 바람에 일렁인다

문득 솟구쳐 올라 안태호 수면에 반사된 달빛
복사꽃 향내에 젖은 채 천태호를 향해 질주하기 시작했다

> 꽃 피면 달 생각하고 달 밝으면 술 생각하고
> 꽃 피자 달 밝자 술 얻으면 벗 생각하네
> 언제면 꽃 아래 벗 다리고 완월장취(玩月長醉) 하리뇨
>   - 이정보 「해동가요」

더 바랄 건 없겠다
새벽 기차가 긴 선으로 지나가고 있다.

*우희정 작가의 수필 「꽃 피자 달 밝아」를 변용하였다

겨울 포에지*

강이 키 큰 느티나무 하나 키우고 있었다

느티나무는 발목 아래로 눈을 덮고
엄동 추위를 삭히며 서 있었다

나비전시회가 열리고 있다는 화목원 전시관은
강 건너 저녁 이내에 묻혀 있었다

가끔씩 강은 생각에 잠기는 듯했다

수북이 쌓인 숫눈 위로 몸 가벼워진 하늘이
도장을 찍는 듯 급히 내려와 앉았다

강에 담긴 제 모습을 바라보던 느티나무가
천천히 숙였던 고개를 들어 올렸다

환청처럼 별박이자나방의 날갯짓 소리가 들려왔다.

*우희정 작가의 수필 「내 사랑의 그들」을 변용하였다.

남복희

작가의 말

친구와 만나는 시간이 즐겁다
나에게 힘을 주는 친구는
해거름과 새벽에 방문한다
빈 벽이 있는
우리 집 영화관이 고맙다.

하얀 천사 외 2편

빈 가지에 하얀 천사가 내려앉는다
철학자 폼 잡는 아트형의 주홍색 모자
홀쭉한 칸트는 파란색 모자가 어울린다
빨간 점퍼 입은 뉴질형은 눈사람 만들고
미래 농구선수 혁이는 눈송이도 허공에 던진다
어둑한 세상에 천사가 다녀갔다

제 자리 찾기

어릴 적 옷감 모으기 좋아하고
그림일기 써서 보여주고

색연필로 줄긋기 좋아하고
빈 노트를 모았다

생각을 사진 찍듯 풀어놓고
정리하는 새벽시간

빈 벽에 기대어
나를 찾는다

새벽은 아직 기다리고 있다

마음속 풍경인지
아름다운 새벽 하늘은
나에게 꿈을 준다
주홍 노랑 푸른 하늘
나의 힘은 새벽하늘에서 나온다
오늘도 반가운 친구를 만난다

나 동 열

작가의 말

기쁨은 즐거움주고
웃음은 행복이오네
사랑은 생각에서와 천사가 주는 마음이고
인생은 지나고 나면 추억이 되어 아름다워

명상 외 2편

마음 평화로운 날 꽃이 필 땐 향기가 나고
한평생 살아가면서 만나고 헤어질진대
꽃처럼 깊은 향기를 남기기란 쉽지 않아

참마음 주고받음 호흡하며 반기며 지내
기쁘고 좋은 사연 소담스런 인연의 향기
잔잔한 정원의 꽃은 향기 뿜어 존재를 깨워

때를 몰라

건강할 땐 아픔을 생각 못해 꼬여진 인생
사랑이 채워짐 몰라 이별할 때 바보가 되고
부부간 등 긁어주고 주물러준 정 깊은 샘물

때로는 넉넉함만 알고 빈곤의 아픔 몰라
친구의 격려의 말 소중함 잃음 왜 모르나
가족과 풍요로운 삶 정겨운 평생 행복

황혼의 인생

가고 싶으면 가고 노래 하고프면 불러
무어든 하고 싶으면 할 수 있는 자유인생
늙음이 아니었다면 누릴 수 없을 행복

돌리려 애를 써도 되돌릴 수 없는 청춘
세월이 말하는구나 네가 먼저 간다고
뗏자리 훌훌 털고서 토닥이며 멋지게 살자

김지현

작가의 말

잘 익은 감색처럼 우리
문학시대 샘들도 예쁜 모임이군요
항상 건강하시고
행복하시기 바랍니다.

손가락 세며 기다립니다 외 3편

단풍 물든 옷을 입고
폼을 잡는 손님은
언제쯤 오시나요?

잦아드는 매미 소리 뭉텅 잘라다가
7년 후를 만지작거리느라 아직인가요

기다림을 걸어놓은 농막에서
지그시 눈을 감아야 볼 수 있는
가을 그대!

청잣빛 바람을 읽어 준다 해 놓고
지금 어디쯤에서
신발을 바꿔 신고 계시나요

날더러 어쩌라구요

오월의 하늘빛
졸고 있는 잉어 한 마리 낚아채고

물거울 속 오색조는
구름 위를 걷는다

은빛 거미줄에 걸린 날개 한쪽
바르르 떨고 있는 고추잠자리

저 풍경 아는지 모르는지

소싯적 당신의 기억 테이프는
오뉴월 엿가락 늘어지듯
축 늘어져

옴짝달싹 못하는군요
날더러 어쩌라구요

당신의 통곡

숨을 쉬는 모든 것은
가시 찔린 눈물을 흘립니다

꺽꺽거리며 주르르
흐르는 끈적임은

세상을 치유하는
생명수이기도 합니다

어찌하여 조물주는
피조물을 만드셨습니까

건네받은 핸드폰 속
대성통곡 들리시나요
카더라 식 댓글들이 몸을 불려
퍼지는 날

내 귀가 거짓말 한 것은
아니겠지요.

설익은 손톱달

바람 숭숭 뚫린 길을
나뭇가지에 걸쳐놓고
명주실 뽑고 있는 저 달빛꾸리

생쥐마저 떠나버린
텅 빈 집 뜰에 내려와
까치걸음으로 비질을 하는 내내

새벽안개 이슬 되어
장닭 나팔 불어올 때

깜짝 놀란 손톱달이 문고리에 걸린 채
허둥거린 하룻밤을
녹물 풀어 익히고 있네

김미자

작가의 말

사상초유 기나긴 불가마 염천을
어떻게든 견뎌야 했습니다
비 오듯 쏟아지는 땀을 연신 훔치며
간장 달이는 날
아궁이 앞을 지키는 심정으로
어떻게든 견뎌냈습니다

아침마다 나팔꽃 여전히 피고
저녁이면 분꽃 아가씨들
별빛 눈망울로 고샅길 밝히고
새포아풀 바랭이도 이삭을 매단 채
갈바람의 길목을 바라보기에

눈길을 걸으며 외 3편

눈길을 자박자박 얼마나 걸었을까
발은 후끈거리는데
장갑을 끼고도 꽁꽁 얼어버린 손
입김으로 손끝을 녹이며 돌아보니
때때로 비척이고 흔들리면서도
어김없이 따라온 발자국들

라르고, 모데라토, 프레스토를 오가며
더러는 즐거운 알레그로, 비바체였으나
다시 프레스티시모[1], 세찬 격랑에 휘둘린
어지럽고 허섭한 궤적
되돌리기엔 너무 멀리 와버렸으나
이제라도 마음을 다잡아본다

안단테 칸타빌레[2], 알레그로 모데라토[3]
담담하고 우아한 포즈로

---

1) 프레스티시모: 최대한 빠르게
2) 안단테 칸타빌레: 천천히 노래 ㅎ 부르듯이, 차이코프스키 현악4중주 1번 2악장, 민속음악을 바탕으로 한 영혼에 울림을 주는 선율. 대문호 톨스토이가 연주를 듣고 감격의 눈물을 흘렸다고 한다
3) 알레그로 모데라토: 적당한 빠르기로

노래하며 춤추듯 나아가고 싶어
허리 당기고 가슴 펴는데
파르라니 살얼음조각 같은 낮달이
금방 녹아버릴 듯한 표정으로
내려다본다

봄소풍

마냥 수줍은
외제비꽃 흰제비꽃
나풀나풀 졸방제비꽃
상냥스레 웃는 서울제비꽃
청보랏빛 아이섀도가 상큼한
미국제비꽃

다문다문 둘러 앉아
봄볕을 쬔다
도란도란 한가로이 노닐며
사람구경을 한다

냉이꽃

화분 속 냉이 한 포기
핼쑥한 꽃을 달고
자꾸자꾸 목을 늘이면
그리움도 움쑥움쑥 자란다
푸르게 더 푸르게

올봄엔 냉이를 먹지 못했다
차마 먹지 못했다
봄꽃이 고운지 몰랐고
꽃이 져도 애달픈지 몰랐다

문득 그리고 홀연히 떠나가는 것을
모르는 것처럼 살다가
엄마가 그렇게 가실 줄 몰랐다고
봄마다 냉이를 주던 엄마가 가버리셨다고
오롯이 핀 냉이꽃 앞에서
울컥울컥 고백하게 될 줄
몰랐다, 정녕 몰랐다

메타세쿼이아를 위하여

금줄에 갇히고 묶인 채
굉음을 내지르는 날카로운 톱날에
무참히 잘리고 마는
메타세쿼이아 서른두 그루
아파트와 여학교 사이 벽돌담을 끼고
스물 몇 해 산책길 이끌며
푸른 그늘 맑은 향기 건네던 그대들
아무 표정 없는 인부들 손에
무저항으로 목숨을 내 주네
서로 엉켜 무성히 뻗은 뿌리가
담장을 쓰러뜨릴 거라는 소문이 돌더니 끝내
생각하지도 저지르지도 않은 죄를 쓰고
무참히 잘린 흔적 뜰에 가득하니
깃들었던 새들도 울부짖네

울울창창한 쥐라기 숲속
풀을 실컷 먹은 스테고사우루스가
그대 발등을 베고 낮잠에 들 때
미풍 일으켜 멋진 골판을 쓰다듬고
목을 길게 늘인 브라키오사우루스가

가지 끝 새순을 따 물고 오물거리면
간지럽다 웃으며 손사래 치다가
쿵쿵거리며 사냥에 나선 티라노사우루스
그 포효쯤은 노랫가락으로 여기던
조상나무들의 시간, 그리고
혜성 폭발의 굉음 속에
한꺼번에 사라졌던 그대들

아득한 시대를 넘고 또 넘어
억만 년 흐른 20세기 어느 날
양쯔강 상류 외진 골에
새로이 메타세쿼이아로 환생한
장하고 강인한 그대들의 선조
그 음덕으로 온 세상에 퍼져나가
하 많은 숲과 공원에서 명성 떨치건만
아름다운 그대들
담양으로 남이섬으로 아니 가고
수려한 노을공원도 마다하고
좁고 호젓한 아파트 뒤뜰에 정착했다가
생목숨 끊기고 토막 난 채 끌려가네
허름한 트럭에 실려 가네

그대들이 경황 중에 하늘을 우러르며
살짝 떨구고 간 푸릇푸릇한 구과(毬果)를
힘껏 거두어 잘 영근 씨앗 가려두었다가
노을 짙은 겨울 강변에 나가
그대들 기리며 뿌려 보내리라
훠이훠이 멀리 띄워 보내리라

김난석

작가의 말

올해엔 상남 선생님을 잃었다
그뿐인가
백 년 만의 더위로 몸살도 앓았다
그래도 펜은 녹슬지 않도록 잉크에 적시고
정신을 가다듬었다

누가 눈물을 흘리는가 외 2편

제 어미 양수를 박차고 태어난 목숨
우린 우리의 의지로 뚜벅뚜벅
1층 2층 3층으로 올라가야 하네

탄생은 축복의 울음으로 시작되었느니
그 축복은 사랑과 감동의 웃음으로 커가는 것
마침내는 아쉬움의 눈물로 끝내야 하네

사노라면 잘못 오를 때가 있네
그래서 면목 없을 때가 있네
그럴 땐 가만히 눈물을 흘려보는 거네

그러나 눈물도 흘리지 않을 때가 있으니
그런 땐 하늘도 비는 내리지 않고
날벼락만 쳐대신다네

누가 눈물을 함부로 흘리는가
누가 눈물을 함부로 흘리게 하는가
그러나 감격할 땐 울어야 하네.

시간에게

오늘 새벽, 또 왔구나
어제도 다녀가더니
내일도 오겠지? 그러길 바란다

올 때마다 무얼 들려 보낼까 한다만
허투루 보내기 일쑤
아예 잊고 지내기도 했구나

한동안 열두 량(輛) 장대열차로 왔지
너무 길다고
문도 열어보지 않았나 보다

그걸 알아차렸는지
이젠 달랑 한 량만 달고 오더라니
그것도 아침 창문 두드릴 것도 없이

너는 그래도 한 번도 경적을 울리지 않더라
알아서 하라고
알아서 한 게 나는 이 모양이지만

너는 소리 없이 왔다 가는데
볼썽사나운 흔적을 남기기보다야
너처럼 조용히 지나가는 것도 좋겠지.

이 가을의 참회
– 호로고루에서

갑진(甲辰)년 여름은 무던히도 뜨거웠네
들판의 사금파리 반짝이다 깨져
생살 베어대고
웅덩이 물조차 말라버렸으니

타는 목 축일 한 모금 생명수 앞에 쩔쩔매고
들풀 모두 누워버린 죽은 날들이었네
그러나 몰랐네
그게 역사의 채찍이었음을

일어서는 자 걷고
걷는 자 뛰고
뛰는 자 새 세상을 만나느니
그걸 모르고 탄식만 하지 않았던가

어제도 갔고 오늘도 가야 할 길
들메끈 조여 매고 다시 가야 하네
두 눈 부릅뜨고
사위를 둘러보아야 하네

이 가을, 임진강변 호로고루*에 서서
두 팔 늘어뜨린 채 읍(揖)하고 있는
해바라기 군상들을 바라보며
나는 참회하네.

*호로고루: 임진강변의 삼한 쟁패지, 남북 대치지역

권한나

작가의 말

구월이 오면 항상
가슴이 설렌다
가을의 문턱에 걸터앉는
소녀의 마음, 그리고
우리 동인지를 만들어
소중한 우리들의 시가
만나기 때문이 아닐까?

청와대에서 외 2편

설레이는 마음으로
청와대 정문을 들어선다

집무실에 역대 대통령의
초상화 한 분마다
풍운의 대한민국의 역사를
도장 찍듯이 선명하다

6월 실록의
청와대 정원엔
우리들의 기상을 대변하듯
왕소나무가 버티고 있다

느닷없이
번개치고 우레소리와 우박만한
빗줄기가 쏟아진다
정문 넓은 아스팔트 위에
은빛으로 펄펄 뛰며 내리꽂는 소나비

청와대 뼈아픈 역사의 뒤안길을 씻어내듯이
번개처럼 육영수 여사의
소록도 환우들 손을 마주잡는 얼굴이 떠오른다

풀꽃들

성균관대 수백년 된
은행나무 앞
조그만 정원은
나만 좋아하는 게 아니다

성선생님 사무실에 오고 가는
우리 동인님들이다

어쩜!
메꽃이 피어있고 망초꽃이 하얗게 웃고
연록의 토끼풀 속을
빛의 눈으로 네잎클로버를 찾아내는 이선생님은
사무실에 모인 동인님들께도
행운을 주고픈 맘씨

선생님 사무실가는 아침 길에 본
그 풀꽃이 내발걸음 아쉽게 떼고
오후에 다시 가보는 순간
전기 톱날의 전쟁 같은 무자비로
연둣빛 목숨들이 날아가고 있다

계절이 바뀌어 기다리던
풀꽃들은 자취 없이 사라지고
강아지풀만 살아남아
줄을 서서 고개를 흔들고 있다

칠순 자매들

양귀비 꽃마루에
노랑나비 흰나비 흥에 겨운
잔칫날이라

양귀비 꽃잎파리
두 손으로 하트 하트
장미정원 꽃향기에
칠순자매들 시절 만났다

올림픽공원 벤치에
도란도란 모여앉아
울 엄마 산소에도 철쭉꽃띠 울타리 너머
노랑나비 흰나비 춤을 출까나

가르마 반듯한 인자하신
그리운 엄마 생각에
오백리길 넘나드는 얘기꽃 피운다

고경자

작가의 말

하늘을 보면 언제나 허공이다
허공이 깊다
국화송이만 남겨두고
국적 옮겨 버린 영의 세계
생각하고 '존재하는 일'과
생각하고 '존재하지 않은 것'
라깡과 데카르트의 코키토, 존재의 증명 사이에
메를로 퐁티를 끌어 들이며
서성이는 나

간격 외 3편

얼마나 절절 했으면
섬은 주상절리로 서서
바다에 난타를 벌이고 있나

사람과 섬 사이 사나운 바람
향방을 모른 채
몸 속을 드나들고
진종일 흔들리는 삶
자취 없이 바위에 부서진다

마그마가 남기고 간 지표에
부딪는 살결마다 소금꽃 피어
촛대처럼 솟아오르는 석순

은하도 잠 못 이루는 밤
낯선 기호 사이로 비가 내려
생의 갈림길에 엉기지 않도록
섬과 사람 사이 보폭을 벌린다

간격을 좁히는 계절의 낙하
기로에 선 발목을 붙들어
전생에 흘리고 간 푸른 울음
허공에 자리 잡는다

수직의 착시

너만 있으면 돼
많은 모임이 왜 필요해
벌써 정리했어
다양한 모임을 소유하고 있는 나에게
너도 많은 모임들 하나씩 정리하는 게 어때
지금은 그럴 단계라니까
세상에 존재하며 바이러스와 공유하는
시공을 초월한 감각들
유빙으로 주위를 떠다닌다
강한 바람이 치맛자락 부풀려 올리며
얼굴에 감기던 날
언어유희와 존재가 그리운 계절
에코랜드 꽃자왈을 걷는다
행성의 도피처에 머물며
환생의 관점을 위해 수작하다
소용돌이 푸른 잎사귀 속으로
그녀를 끌어들인다
몇 년 전부터 드라마를 쓰라고
권유하여 지친 그녀에게 원고지 뭉치를 내밀었다
브런치 작가인 그녀는

벌써 단막극 한 편 완성했다는 전문이다
소우주에서 대우주로 열리는 길
여보세요
늦은 밤 귓전을 울릴 때마다
오래전에 떠난 여인처럼 설렌다는 그녀
하 많은 인연 중에 유독 너만 있으면 돼
이 말, 나를 지배하는 착시
수직으로 뜬 그녀의 눈동자가 깊다

은밀한 가시

끓는 소리만 들려도 침이 고이는 옥돔미역국
몸속 어딘가 호르몬에 신호를 보내며
소화기간에서 파동을 친다
싱그럽고 감미로운 맛에 홀린 바다의 속살
몸속 여행을 하다 멈칫 거린다
미역 속에 들어온 은밀한 가시
식도와 편도 사이에서
방향을 잃고
빈혈 할 때마다 따끔거린다
올리브유로 미끄럼을 타봐
아니지 쫀득한 마시멜로 삼키면 어떨까
젖은 미명의 시간이 조여오며
이비인후과 내과를 저울질 하다
종합병원 응급실로 페달을 밟는다
황급하게 들어서는 환자를 맞이하는 응급의료진
입술 벌려 깊숙하게 찾아도 보이지 않아
CT를 찍고 심전도 검사와 내시경으로
파랗게 질려가는 깊은 밤
링거줄에 묶인 동그란 얼굴
식도 벽을 뚫고 들어간 가시의 집요한 탐색

마취된 목이 먹먹하게 달아오르고
눈 달린 굴곡진 기구를 집어넣던
간호사의 은방울 굴리는 소리
깊고 아늑하게 숨어있는 물체의 발견
끌어 올리다 중간에 놓쳤다고
길게 내민 혀를 누르며 숨을 멈추라한다
침을 삼키면 식도를 내려가다
천공이 생기는 불안을 떨치고
재빠르게 향방을 찾아낸 마이더스 손
제거된 공포스런 아가미가시
깨진 바다 속을 걷다
목구멍에서 휴우 새어 나온다

포스트잇

잊혀진 듯 빠져나간
녹말 분자의 희미한 자국 위에
새롭게 나붙은 붉고 파란 색채들
서재의 어둠을 밝히고 있다

상상으로 펼쳐진 날개는 오리무중
야구메트에 튀어 나오는 공으로
날마다 포물선 늘려가는 지문들

붙잡힌 날들과
하나씩 빠져나간 기억들
꽃이 피거나 비가 되어 내린다
당신은 음악을 듣거나
나에게 주파수를 맞추고
나는 또 다시 니체 전집을 펼친다

프로메테우스와
디오니소스를 만나
피안의 경계를 넘어
하얀 돛 올려 부풀리는데

아직도 약속된 언어들 사이에서
닻줄에 펄럭이고 있는 포스트잇

언제쯤 건조한 일상에서
날개 펼친 자유를 얻을 것인가

김재범

작가의 말

마음은 일렁이는 파도와 같은 것
가끔은 흩어지기도 한다.
비록 뜬세상이라 하지만 그 속에 숨어있는
아름다움을 찾기 위해
그 무언가에 몰입(沒入)하는 삶…
행복이라는 것도 몰입 후 밀물처럼 젖어드는
충만한 감정의 순간이 아닐까 싶다.

등이 휠 것 같은 삶의 무게 외 1편

　산행을 하다보면 가끔 짐꾼과 마주칠 때가 있다. 사찰에 생필품을 전달하거나 때로는 자신의 몸보다 부피가 큰 건축 자재를 등에 지고 올라가는 짐꾼도 볼 수 있다.
　지방에 있는 산은 잘 모르겠으나 국립공원을 제외한 서울의 유명산에는 어김없이 막걸리와 아이스크림 등을 메고 나르는 짐꾼들이 있어 정상에 오르면 시원한 막걸리 한잔으로 목을 축일 때가 많았다. 사실 그들의 노고를 생각하면 비록 일용할 양식은 아니지만 가격여하를 떠나 감사한 마음을 담아 마셔야 했다.
　생계를 위해 고된 일도 마다하지 않는 짐꾼들을 보면, 배낭 하나 달랑 메고도 버거워하면서 산을 올라가는 내 모습이 애처롭기만 하다. 산은 누구에게나 똑같이 존재하는데, 건강과 자연을 즐기기 위하여 땀을 흘리며 올라가는 사람이 있는 반면, 어떤 이들에게는 애환이 서린 삶의 현장이며 고되고 힘든 인생길이다.

TV세계테마기행 중 오랫동안 여운으로 남아있는 프로그램이 '히말라야 짐꾼'과 가파르고 위험한 산세로 오르기도 힘든 '중국의 황산, 화산의 짐꾼'들이다.

 히말라야 짐꾼은 고달프고 미치도록 힘든 산을, 여행객에 필요한 물품을 온몸으로 나르는 삶을 반복한다. 더군다나 자신의 몸무게 2배에 달하는 짐을 슬리퍼만 신고 올라간다. 늙은 짐꾼 엄마는 늦게 태어난 13살 아들에게 운명적으로 업을 물려주려 하고 있다. 짐을 잠시 내려놓고 서럽게 흐느껴 우는 아들을 달래고 있는 안타까운 모습을 보면 나도 모르게 눈시울이 붉어진다. 먼나라의 이야기이지만 한민족도 가난을 숙명처럼 짊어지고 살았던 시절이 있었다.

 중국 대표적인 험산(險山)에도 매일 오르는 사람들이 있다. 끝이 없을 듯이 아마득한 계단과 천 길 낭떠러지가 있는 산을 정상 부근에 있는 호텔과 식당에 식료품을 가져다주기 위해 매일 50~60kg의 짐을 메고 산을 오른다.

 짐꾼들의 땀과 보람의 현장을 소개한다고 하지만 내가 보기에는 피와 땀만 있지 보람은 없을 것 같다. 굳이 있다고 한다면, 가족이라는 둥지를 지키기 위해 무모하기까지 한 극한의 노동을 감수하는 가장의 책임이 이들을 버티게 하는 것이다.

 무게당 보수를 받기 때문에 짐꾼들은 한 번에 등이 휠 것 같은 많은 짐을 옮기려고 한다. 운반하는 도구는 오직 지게 하나와 자기 자신뿐, 비쩍 마른 어깨로 형벌 같은 짐을 과연 메고

갈 수 있을까 하는 생각도 들지만 잠시 쉬고 잔걸음으로 또 한 발을 떼는 짐꾼의 모습을 보면 삶이 참으로 아찔한 허공 같다. 그럼에도 불구하고 이들의 얼굴에서 불안보다는 일을 할 수 있어 행복한 미소를 짓기도 하는데 초인(超人)이 따로 없다.

 세상에서 가장 높은 산, 에베레스트를 등정할 때도 길을 안내하고, 온갖 짐을 지고 산을 오르는 짐꾼 '세르파'가 있다. 그들의 도움없이 히말라야 정상에 오른다는 것은 거의 불가능에 가까울 수 있다. 보이지는 않지만 뒤에서 묵묵히 누군가의 짐을 들어줄 수 있는 '짐꾼'이 있기에 우리는 보다 편안한 삶을 누리면서 살아가고 있는 것 같다.

 '나뭇꾼'과 달리 '짐꾼' 하면 어딘가 모르게 비하의 이미지가 있는 것 같은 느낌이 들지만, 달리 생각해보면 이 세상에서 고귀한 직업 중에 하나가 아닐까 하는 생각도 든다. 다소 무리가 따르는 비유겠지만 예수님이야말로 우리의 죄를 대신해 이 세상의 모든 짐을 짊어지고 십자가에 못 박히신 인류역사상 가장 위대한 '짐꾼'이었다.

 어찌보면 인간 모두가 짐꾼이다. 사람은 누구나 이 세상에 태어나서 저마다의 짐을 지고 산다. 가난하게 살아도 짐이고, 돈이 많아도 그 돈으로 인한 무거운 짐을 지고 산다. 행복한 사람이라고 해도 나름대로의 짐은 다 있을 것이다. 질병, 권한과 책임, 학업과 취업, 결혼, 만남과 헤어짐 등 살면서 마주 대하는 그 모든 것들이 알고 보면 짐이 아닌 게 하나도 없다.

신은 감내할 만한 고통, 짐을 주었다고 하지만 때로는 그 짐이 너무 무거워 휘청거릴 때가 있으며, 감당하지 못할 짐으로 삶을 스스로 포기하는 경우도 많다. 신을 향해 "한 말씀만 하소서" 간구를 해봐도 답이 없으시다.

흔히들 마음을 비우고 짐을 내려놓으라는 이야기를 쉽게 하지만, 사실 그 내용이 모호하기도 하고 마음은 생각만큼 잘 비워지지 않는다는 것을 알기 때문에 나는 그 말을 그다지 새겨듣지 않는다. 오히려 마음과 영혼은 무엇으로 채울까가 중요할 것 같다. 문인화의 여백은 그저 비어있는 공간이 아니라 그림을 떠받치고 있는 본질을 나타내고 있는 의미일 것이다.

삶의 짐이라는 것을 풀고 나면 짐의 무게만큼 보람과 행복을 얻게 된다고 하지만, 또다시 새로운 짐을 지고 숙명처럼 주어진 삶의 길을 걸어가야 하며, 그 짐은 우리가 죽을 때까지 사라지지 않는다. 어차피 자신에게 주어진 짐이라면 기꺼이 지고 가는 것이 현명한 방법일 것이다.

요즘은 가끔 빈손으로 평지를 걷기도 힘에 겨울 때가 있다. 그런데 산행을 하기 위해 배낭을 메고 나서면 어디서 에너지가 발생하는지 힘이 솟는 듯하고 발걸음이 가벼워진다. 더구나 배낭이라는 짐이 없으면 왠지 홀가분할 것 같은데 뭔가 허전함을 느낀 적도 있다. 그러고 보면 짐이라는 것은 부정적인 면만 있는 것이 아니다. 그렇다고 살아가면서 짐을 애써 만들어 짊어질 필요는 조금도 없으나, 어느 정도 긴장감을 갖고 사는 것이 오히려 활기를 불어넣어 줄 수 있으며, 짐이 많다면 가볍게 줄여 가면서 사는 것 외에는 길이 없다.

　SNS의 발달로 명심보감과 같은 책을 펼치지 않더라도 삶의 지혜에 관한 명언들이 쏟아져 들어온다. 그러나 그러한 말들이 공허할 때가 많다. 말과 행동이 다르고, 위선이 판치는 세상에서, 몇 마디 명언들은 손에 닿지 않을 만큼 멀리 있는 것처럼 느껴지기도 한다.

　삶의 무게로 인해, 간혹 들판의 "마른 바람처럼 슬프고, 살빛 낯달이 슬퍼질 때(*백창우 詩, 임희숙 노래 中)", 수십 마디 허황한 말보다 생존을 위해 무거운 짐을 지고 험산을 오르내리는 짐꾼들의 모습에서 삶의 존엄 내지는 그 의미를 되짚어 보는 것도 좋을 듯싶다.

청산에 살으리랏다

오래전 같은 직장에서 근무했던 동료직원이 TV MBN '나는 자연인이다(609회분)'에 출연한다는 소식을 접했다. 그렇지 않아도 내가 즐겨보는 프로그램이라 어떻게 살고 있나 궁금해서 그 정보를 여기저기 알리고 시청을 했다. 한참 보는 도중 사택에서 같이 살았던 직원으로부터 그때 그 부인이 아닌데 하면서, 언제 재혼을 했지 하면서 연락이 왔다. 연예인 진행자가 두 사람은 다시 찾은 인생의 동반자이고, 서로가 있어 존재한다고 아주 짤막하게 멘트를 하기는 했다.

나중에야 본부인과 사별했다는 것을 알고 나는 고개를 끄떡이게 되었다. 물론 연출이겠지만, 새로 맞은 부인의 가야금 선율에 따라 진행자와 출연자가 덩실대는 춤을 추는 모습을 보면서 재혼을 한 사이라도 그렇게 재미있게 살 수도 있구나 하는 생각도 스쳐 지나갔으며, 세상을 떠난 아내를 그리워하며 쓴 시로 알려진, 「접시꽃 당신」의 시인이 아내가 죽은 지 몇 년이 지나 재혼

했다는 이야기가 문득 떠오르기도 했다. 아마도 나의 고루한 생각일지도 모른다. 특히 어느 문학지에서 신인상을 받고 시집도 출간했다는 것도 내 눈길을 끌었다.

흔히 하는 말로 누구나 빈손으로 가는 인생, 사람 사는 게 거기서 거기라고 하지만 어느덧 세월이 지나 이쯤와서 보니 예전에는 별로 느끼지 못했던 사람 사는 모습을 디테일하게 들여다보면 천차만별이라는 것을 피부로 느끼곤 한다. 어떤 삶이 좋고 나쁜지 이분법적으로 단정하긴 어려운 노릇이다.

자연인은 중장년층의 '최애' 프로그램으로 자리매김한 지 오래라고 하는 것을 보면 나만 그런 것은 아닌 것 같다. 세상사에 지친 많은 사람들이 각박하고 복잡한 도시를 떠나 있는 그대로의 자연과 함께하기 위해 도시 탈출을 꿈을 꾸기도 하는데, 자연인은 이러한 사람들이 품고 있는 로망이 반영된 그림자일 것이다.

나는 자칭 '도시 자연인'으로 매주 북한산을 누비고 다니며, "산울림 영감이 바위에 앉아 나같이 이나 잡고 홀로 살더라(深山, 청마 유치환)"는 시처럼 나만의 즐기는 삶이 있기 때문에, 자연인이 살고 있는 주변의 자연경관보다는 어찌하여 청산까지 들어올 수밖에 없었을까 하는데 방점을 찍고 본다.

그들은 힐링, 귀향, 치유, 투병, 이혼 등을 극복하기 위해 나를 지켜주던 모든 것들과 이별하고, 새로운 삶을 찾아 자연으로 돌아온 파란만장한 생존 분투기로서 저마다의 사연이 각양각색이다. 살다보면 누구나 원치 않는 불행이 찾아올 수 있으며, 그 불행은 남들이 절대 알 수 없는 깊은 절망과 고독의 수렁 속으로 스스로를 밀어 넣는다. 이럴 때 유일하게 기댈 수 있는 것이 자연으로, 인간은 자연에서 태어나 자연의 혜택 속에서 살고 자연으로 돌아갈 수밖에 없는 것이 삶의 본질이기도 하다.

그러나 일상에서 길들여진 마음을 내려놓고 새로운 길을 만들어 나간다는 것은 커다란 결심 아니면 실천에 옮기기가 쉽지 않을 것이다. 특히 나같이 벽에 못 하나 제대로 박지 못하는 사람은 감히 바랄 수가 없기 때문에 TV라도 보면서 대리만족을 조금이라도 느끼고 있는 것 같다. 홀로 산속에서 자연과 함께 살고 있는 여성 자연인의 삶도 너무도 대단한 일이자 놀랄만한 일이 아닐 수 없다.

한편으로는 자연인의 삶 자체가 사회와 유리(流離)된 삶을 미화한다는 측면에서 본다면 TV에서 보듯이 낭만적이거나 긍정적인 면만 있는 것은 아니라는 생각도 하게 된다. 사회적 동물이라는 인간이 수행자도 아니면서 가정을 멀리하고 홀로 산다는 것은 자기중심적인 사고, 현실도피 등에 기인한 시각으로 바라볼 수도 있을 것이다. 낭만적이고 현실 도피 차원에서 결행한다면 커다란 시행착오를 가져올 수밖에 없을 것이다.

사실 인생의 굽이에서 마주치고 발견하게 되는 자연인의 역사는 사실 아주 오래되었다. 고등학교 국어시간에 나오는 '청산별곡'이 있다. 고려시대의 자연인으로 왜 청산에 들어갔는지는 그

해석이 다양한 작품으로 첫줄에 다음과 같이 나온다.

> 살겠노라 살겠노라 청산에 살겠노라, 머루랑 다래랑 먹고 청산에 살겠노라.

그런데 청산에 잔뜩 기대를 걸고 들어왔건만, 그 다음 줄을 읽어보면 썩 좋아 보이지 않는다.

> 울어라 울어라 새여, 자고 일어나 울어라 새여! 너보다 시름 많은 나도 자고 일어나 우노라.

고려말 이조년의 시조 「이화에 월백하고」에 나오는 한구절 '다정도 병인 양하여 잠 못 들어 하노라'와 심정이 비슷하다. 당장의 현실세계보다는 상대적으로 나을 거라는 기대감에 청산을 찾았지만 마음이 그렇게 편하지가 않다. 청산에 들어와서도 속세의 일로 마음이 심란하다면 그야말로 "난감하네에~ ♪"다. 결국 청산이 아니라 바다로 간들 마음의 평화는 오지 않을 수 있으며, 이상향은 각자의 마음속에 있다고 할 수 있다.

내가 생각하는 가장 이상적인 자연인이자 자유인은 수많은 시인, 묵객(墨客)들의 사랑을 받는 시선(詩仙) 이백의 산중문답(山中問答)과 도연명의 「귀거래사(歸去來辭)」에서 찾아볼 수 있다. 작품 모두 속세를 벗어나서 신선처럼 살아가는 멋과 묘미가 진하게 느껴지고 있으며, 유토피아를 간절히 꿈을 꾸고 있는 인간의 순수한 정서를 담고 있다.

그러나 그들도 난세를 살아가면서 처절한 절망의 끝에서 푸른 산으로 들어갔을 것이다. 은둔이나 은일(隱逸)이란 낱말로 고급스럽게 포장되지만, 뒤집어보면 남모를 고독과 단절이 그 속에 숨어 있다.

요즘의 자연인과 은둔하는 선비들의 모습은 비록 그 형태는 다소 다를지라도 "속세를 떠나 아무것에도 매이지 않고 자유로우며 편안하게" 산다는 측면에서 본다면 본질은 크게 다르지 않다. 기왕지사 청산에 들어갔으면 이백의 시처럼 '마음이 절로 한가롭네' 하고 노래하며 살기를 이 세상의 모든 자연인에게 소망할 뿐이다. 그것은 인간의 경이로운 삶은 자연에서 찾을 수 있음을 그들에게서 엿볼 수 있기 때문이다.

성춘복 시백 추모 특집

문학시대 발행인(편집인)이던 상남(尙南) 성춘복 시인이 2024년 5월 22일(음력 4월 15일) 지병으로 소천하셨다.

시인은 1936년 음력 3월 14일 경북 상주 출생, 부산에서 성장하였다. 성균관대학교 국문학과 졸업.『현대문학』지에 신석초 선생의 추천으로 1958년에 초회추천, 1959년 2회, 1960년 1월 3회 추천으로 등단하였다.

을유문화사, 삼성출판사 편집국장을 거쳐 평생을 출판업에 종사하였다. 1989년『시대문학(문학시대)』을 창간하였다. 한국문인협회, 국제PEN클럽 한국본부 이사, 세계시인대회 한국위원회 사무국장 등의 중책을 맡아 문단 발전을 힘쓰셨다. 제21대 한국문인협회 이사장을 지내는 동안에도 많은 업적을 남겼다.

제1시집『오지행(奧地行)』을 시작으로『공원 파고다』,『산조(散調)』등 21권의 시집을 포함하여 평론집, 산문집 등 40여 권의 저서를 남겼다. 제1회 월탄문학상, 한국시인협회상, 국제펜문학상, 한국문화예술 대상, 한국문학상 등 다수의 상을 수상하였으며 상남문학상 제정하였다.

먼 길 떠나신 선생님

권한나

선생님을 처음 뵙던
혜화동 사무실에서
커피잔을 탁상에 떨어뜨리시던 에피소드가
엊그제 같은데

소소리 마당에 색색의 꽃밭을
소꿉놀이처럼 일구시고
사모님과 함께 미소 지으시는
선생님의 신혼생활이
참 보기 좋았는데

어느새 선생님의 미수(米壽)가 되셔서 축하드리는
'문학의 집'에서
선생님의 시를 낭송하면서 뵈온 모습까지도
눈에 선한데

봄 여름 가을 겨울의 아름다움이
지나가듯이
선생님의 사계절이 흘러 흘러
아쉽게도 먼 길을 떠나셨습니다
시인은 '자존감'을 가지라는
선생님의 가르침
하늘에서도 자존감의 대 시인으로 굽어 살피소서

바라만 보아도

김난석

바라만 보아도 좋을 사람이 있다
몇몇 겹 아우라 겹쳐
층층 우러나오는 文香

이젠 떠나고 말아
여운으로 맴돌지만
그리움이라 하자, 그리움이라

북한강변 따라 달리던 그 순간
하늘구름 물길 따라 흐르는 모습을 보라던
그 맑은 視線, 詩仙이여!

바라만 보아도 좋을 사람이 있다
이젠 떠나고 말아
아쉬움만 가득

고 상남 성춘복 시인
창녕 성공 토마스 모어 춘복이시여!
聖靈과 함께 평안하시옵기를~

어느 봄날

남복희

어느 봄날
은빛 액자 속에서
아코디언 소리가 들려온다

승전국 병사처럼 녹음이 밀려올 때
흘러간 노래 연주하던 그 사람
그 발자국 소리에

옛집 울타리 장미 꽃잎도
손 흔들며 환호하는 여인마냥
환하게 웃고 있다'라고

미항에서 봄도다리국 드시며
무언의 박수를 보내주신 멋진 선생님 그립습니다
갈색 재킷이 모델처럼 어울리시는 선생님
빨간 자전거 있는 문학 토크 교실에 한 번 놀러 오세요.

동행(同行)
- 혼자 사는 집*을 기웃거리며

박영배

어느 때나
'구석마다 어김없이 매달아 놓은
물 같은 세월의 반대켠으로
방의 경계를 넘어 되도록 세상의 멀찍한 데로
향방을 잡아 달려가자고 하셨나요
'덩치 큰 몸뚱이의
그림자를 안고 나비가 되어 보려는 꿈으로 때로는
슬퍼하며 때로는 히죽대며 요상하다
참 요상타고 헛웃음뿐인 거울의 모퉁이로
낯설게 비켜 앉자고 하셨나요
'내가 나를 부르는 소리가 들리면 '대숲 우는
소리로' 달려가 '기왕지사
산자락 넘나드는 일
볼 부비고 입 맞추는 그런저런 일 모두가
빈집 허물기'라고 하셨나요
'원수로 다시 만나면 음험한 웃음 짓기는 싫어
혼자서 소리내어 울고 싶다고…
'혼자이던 내 집 사방에

산이 들어와 애간장 태우게 하는
남은 삶의 길에서
휜 등허리는 되도록 꼿꼿하게 그리고 뚝심 좋은
목청도 가다듬어 놓고 '고맙습니다
고맙습니다 고맙습니다
거룩한 이여 어여쁜 이여 혼자인 이여
정말 감사합니다 목숨이여' 누구에게 '목울대
떨어지도록 소리' 치셨나요
무에 그리 급했는지 '새벽녘이 다가서기 무섭게'
혜화동성당 종소리 따라나선
그 산자락 어귀에서
이제 혼자 있고 싶다며 '거듭 손가락을 펴고' 열심히
내젓는 손사래에 막혀
뒤쫓던 발걸음을 묻었습니다
'꼭 한 번은 그런 밤이 있으리라'
'빈집에서 다시 빈집을 찾아' 함께 떠나자던
혜화동로터리,
마지막 한 바퀴 돌아 나오며
그제사 보였습니다 '아, 살아 있는 사람의
죽은 집'뿐이더이다.

*『혼자 사는 집』: 성춘복 시인의 열두 번째 시집(1998, 마을)

영원한 시성 우리 곁에
- 상남(尙南) 선생님을 추모하며

박정향

반갑게 맞으시며 커피를 따라 주시던
언제라 잊지 못할 다정하신 스승님
학처럼 고고하게 청정한 상념으로 사셨다

된서리 세파에도 흔들리는 세상인심에도
쇠하지 않은 높은 기개(氣槪)에 곧은 양심
후학(後學)의 귀감이라 가슴 뼈개 켜켜이 담아두리

불면의 밤 밝히시며 번뜩이는 예지로
시상의 날개를 펴 문단의 뜰 가꾸셨으니
시향이 온 누리에 길이길이 퍼져가리

후학들 둘레하고 녹아드는 심지를 돋우며
눈과 귀 트이게 하시며 나갈 길 보이셨으니
계신 곳 그곳에서도 살펴 보사 편히 영면 하소서

태산 같은 업적
– 고 상남(尙南) 성춘복(成春福) 사백의 명복을 빌며

이범찬

화려했던 한평생
큰 발자국 남겨놓고

미수의 언덕에서
먼 길에 올랐거니

애닯다

뒷걱정 말고

평안히 떠나소서

홀로 가는 길 Ⅱ

이상민

고도(孤島)를 향하는
고선(孤船) 위

등뒤로 바라보는
짙은 안개는 누구의 위로인가

모친상 중인 내게
상남(尙南) 선생님의 소천(召天) 소식까지

문득
곁에서 소리없이
자리를 뜨는 나의 인연들

머릿속을 가득 메운
고도(高蹈)의 여정

어떤 이유든 묻어두고
뒤돌아보지 않기를 다짐하는
이정표에 눈을 맞추며

살아있음에
맞닥뜨리는 섭리(攝理)임을
가슴이 터지도록 마구 쓸어 담을 밖에.

*고도(高蹈): 멀리 감, 세상을 피하여 숨어서 삶

문학시대

이순남

여기
마을이 있으니

멀리 보면
아련하고
신비스럽고
다가서면
사랑으로
모든 풍류가 깃든 곳
종로구 성균관로 5길 39-16
시인 상남 성춘복 선생님 거처(居處)

안팎으로
안사람 우희정 선생님이 친절과 덕목으로
예(藝)와 술(述)로서 사계를 빚어 두루 살피니
시와 이야기가 항상 마르지 않고
문객의 왕래가 잦은 곳

선생님의 육신은 가셨지만
시혼은 이어져
매달 셋째 주 화요일은
제자들의 시작(詩作)과 정담(情談)이 있어
문향의 근원이 되나니
이름하여
문학시대라
세세생생 이어가리
그 향기 영원하리.

신선부의 뜰에 계신 상남 선생님

장성구

해를 되돌린 여든여덟 해 전 병자년 삼월 열나흘
백화산과 낙동강이 빚어낸 지사의 땅 상주 고을
여명을 헤친 우렁찬 아기 울음에 장닭조차 놀랐다
명승의 고장에 첫발을 디딘 창녕 성문의 신동
뒷담에 만발한 개나리와 자색구름에 상서로움이 가득

북악의 기슭에 터 잡은 삶 속에 시와 시에 묻힌 삶
아름다움을 추구한 시백의 하얀 마음은 하늘의 뜻
천지인 삼위일체를 보듬고 영혼의 울림을 구한 시인
무수한 우금을 지혜로 헤친 한국 문단의 지주반정
시중화 화중시를 실천한 시서화 삼절의 선비

달관의 경지에 피운 감수성의 꽃이라는
불초의 졸작 시집에 보내신 과찬의 말씀은
세월이 지난 뒤에 은사님의 품격임을 알았습니다
다정하고 편안한 마음을 보내주신 상남 선생님
선한 눈매를 생각하면 눈물을 주체할 수 없습니다

큰 별은 지지 않고 아우라로 영원한 빛을 발합니다
기화요초 만발한 신선부의 뜰을 사유 깊게 거닐며
시성과 정겨운 덕담을 나누시는 웃음소리를 듣습니다
고통과 번뇌가 없는 해탈과 영생의 세상에서
담백한 시의 동산을 그리시는 모습을 가슴에 새깁니다.

상남(尙南) 성춘복(成春福) 선생님을 추모하며
於 鶴汝齋

*신선부(神仙府): 신선들이 모여 사는 곳.
*천지인(天地人): 하늘과 땅 그리고 사람.
*우금: 시냇물이 급히 흐르는 가파르고 좁은 산골 계곡.
*지주반정(砥柱反正): 든든한 기둥이 바위처럼 버티면서 세상을 올바른 상태로 되돌린다.
*시중화화중시(詩中畵畵中詩): 시 속에 그림이 있고 그림 속에 시가 있다. 문인화의 가치와 격조를 이르는 표현.
*기화요초(琪花瑤草): 옥과 같이 고운 풀에 핀 구슬같이 아름다운 꽃.
*시성(詩聖): 두보를 말함. 이백을 시선이라 하고 두보를 시성이라 함.

사랑했노라 내 아내여

정연순

꽃철에 길 떠나시니
퍽도 어울리는 뒷모습입니다

헌팅캡 아래 반듯한 뒤통수며
세월 쌓인 어깨하며
오류동 가는 걸음처럼 가벼이
육화된 사랑 하나
오롯이 품으시고

사람 그 너머 영혼을 노래하시는
품위와 범절이 몸에 밴 문사
시가 밥이었던 천생 시인께서는
미숙한 후학도 어여삐 여기셨습니다

허튼 수작에 회초리 사자후
도무지 계산속이란 없는
청죽 같은 자존심이셨습니다

스케치로 남기신 풍경
그림에 담은 소박한 이야기
꽃밭에 벌 나비 작은 새소리

손수 지은 오두막들
모두 당신의 꿈이셨겠지요

손수 엮으신 칡덩굴
채반에 오려붙인 세상 둘 없는
등단패를 주시는 손길이며
캐리커처 한 점
건네시는 눈빛도 참 따뜻했습니다

집에
밥이 끓는지 죽이 끓는지
못하시는 일도 한둘 아니라
질량 없는 말이나
재물 쟁이는 일이나

노을 녘
본향으로 가는 길을 찾으신
토마스 모어와 헬레나
귀의의 기도는 믿음의 고백이셨겠지요

양지바른 유택에 드시는 오늘
이별에 남기고픈 오직
이 한 말씀인지요

사랑했노라 헬레나여
고마웠노라 내 아내여.

선생님의 제자 됨이 좋아서

지술현

어느 해 봄날
성 선생님 좋아라시는
도다리쑥국을 딱 한번 대접하고

몇 해 못 가 걷기도 버거워하시니
택배라는 세상 문물로
도다리쑥국을 한 번 더

세상 휘둘림에
쑥국쑥국대는 새들의 울음조차
알아채지 못한 늦은 봄

도다리쑥국 한 사발
시원히 드시지 못하고
님은 먼 길을 가셨습니다

이제 쑥국 새 우는 오월이면
아득함으로 얼룩진 쑥향
떠나신 님의 향으로 남을 테지요

멋진 초로의 거대한 문인이여
이제 존경과 감사한 마음으로
쑥향 그득한 오월의 끝자락에 보내드립니다

상남 성춘복 선생이여
문학의 별이요 거장이여
평안히 잠드소서.

빛나는 시정신을 꼼꼼하게 엮어내는 — 마음

두레박이 하늘 길어 올리듯

1판 1쇄 인쇄/ 2024년 11월 20일
1판 1쇄 발행/ 2024년 11월 25일

지은이 / 김난석 외
펴낸이 / 우희정
펴낸곳 / 도서출판 마음

등록 / 1993년 5월 15일 제1-15191호
주소 03073 서울 종로구 성균관로 5길 39-16
전화 / (02) 765-5663

값 13,000 원

ISBN 978-89-8387-370-5   03810